AF311577

NOTICE BIOGRAPHIQUE

DE LA BIENHEUREUSE MÈRE

JEANNE-ANTIDE THOURET

Fondatrice des Sœurs de la Charité de Besançon

La Bienheureuse Mère Jeanne-Antide THOURET.

NOTICE BIOGRAPHIQUE

DE LA BIENHEUREUSE MÈRE

Jeanne - Antide Thouret

Fondatrice des Sœurs de la Charité de Besançon

Illustrations

ABBÉ AMAT

Imprimerie
-Générale-
GELLION-BANDINI
Nimes

S. G. Mgr GIRBEAU, Évêque de Nîmes

PRÉFACE

Ma Révérende Mère,

Je viens de lire votre Vie de la Bienheureuse Mère Thouret. Ce n'est qu'un abrégé de la grande Vie ; ce n'est qu'une vision rapide des événements qui formèrent la trame de cette existence extraordinaire et le résumé des merveilles que la grâce divine accomplit dans cette âme prédestinée. Mais, dans ce raccourci, quel intérêt, quelle lumière et quelles leçons !

La vie de Mère Thouret, c'est l'histoire d'une volonté indomptable aux prises avec les hommes et les choses, dans une lutte héroïque où le dernier mot appartient toujours à la volonté, ou plutôt à Dieu dont cette volonté n'est que l'instrument.

Tel chapitre de cette vie tient du roman. Est-ce de l'histoire ou de la légende que cette odyssée tragique de cet hôpital ambulant dans lequel Jeanne Thouret exerçait les fonctions d'infir-

mière bénévole et qui, chassé de France par la tourmente révolutionnaire, court à travers la Suisse, le Tyrol, sur les bords du Danube, à la recherche d'un abri sûr pour y coucher ses malades, et sème de souffrances et de cercueils la route sans fin de son exil ?

Et tel autre chapitre ne paraît-il pas emprunter ses pages aux Actes des Martyrs ? Les préteurs romains entendirent-ils jamais, de la bouche des premiers chrétiens, des paroles plus fières que les réponses de Jeanne Thouret au tribunal révolutionnaire ?

Un saint est la copie du Sauveur. La physionomie divine, que les artistes reproduisent sur la toile ou dans le marbre, le saint la reproduit dans sa vie. Or, le trait essentiel de la figure du Christ, c'est la souffrance. Le Christ a été l'Homme des Douleurs. La vie de Jeanne Thouret sera marquée profondément à cette empreinte.

Je ne sais quelle fut, dans la Passion, la douleur la plus vive de Jésus. Toutes dépassent notre sens. Mais je m'assure que le reniement de S. Pierre fut plus sensible au cœur aimant du Sauveur que la couronne d'épines et les fouets de la flagellation, à preuve qu'il ne donna aucun signe de sa souffrance dans le luxe inouï de tortures dont les valets des Pontifes et les soldats de Pilate l'accablèrent, tandis qu'il regarda d'un regard d'une immense tristesse son apôtre Pierre qui venait de déclarer, à propos de son Maître : « Je ne connais pas cet homme. »

Mère Thouret ne sentit pas sur son front les piquants des épines ni dans ses chairs la morsure des fouets, mais elle dut boire, à la porte close de sa propre maison, l'amertume du reniement, et entendre ses propres filles déclarer : « Nous ne connaissons pas cette Mère. » Elle aura, dans sa longue vie de fondatrice, des souffrances variées et accablantes. Aucune n'égalera celle-là.

L'adversité abat le courage des âmes ordinaires. Elle alimente, elle fortifie l'âme des saints. « Quand je suis dans l'épreuve, disait S. Paul, c'est alors que je suis fort. » Parmi les contrariétés de toute nature qu'elle rencontrait sur tous les chemins, l'activité de Mère Thouret ne se démentait pas. Elle allait, d'un visage tranquille, mais d'un pas toujours ferme, là où la grâce l'appelait. La somme de ses travaux serait à peine croyable, si nous n'avions pas, dans l'histoire de l'Église, de nombreux exemples de cette fécondité merveilleuse. Mère Thouret fut de la race intrépide d'une Ste Thérèse d'Avila, d'un S. François-Xavier, de tous ces « géants de l'humanité chrétienne qui ont étonné le monde par la taille de leur âme et par la grandeur de leurs travaux.

Les ouvrages des hommes, même les plus fermes en apparence, sont bâtis sur le sable. L'action du temps et la poussée des passions humaines en ont vite raison. Le chemin de l'histoire est semé de ruines.

Les saints bâtissent plus solidement. Ils sont les ouvriers de Dieu, et les œuvres de Dieu sont fondées sur le roc. Les hommes passent. Ils blasphèment ou ils admirent. N'importe, l'œuvre demeure.

Que reste-t-il aujourd'hui de Napoléon Ier ? Son agonie durait encore sur le rocher de Sainte-Hélène que déjà les royaumes qu'il avait taillés en Europe avec sa redoutable épée, étaient détruits.

Dans le même temps qu'il promenait partout, dans le sang et l'odeur de la poudre, ses aigles victorieuses, une humble femme, sortie d'un obscur village de Franche-Comté, une femme au corps délicat et souffreteux, aux regards très doux, au front pur, à la parole charmeuse et irrésistible, s'en allait par delà les Alpes, parcourait l'Italie et fondait de tous côtés des maisons de son Institut naissant.

Un siècle et plus a déjà passé, et tandis qu'il ne reste plus, sur le sol de l'Europe, aucun vestige des frontières nouvelles que l'ambitieux Capitaine y avait tracées, les maisons fondées par Mère Thouret sont toujours debout, et sous leur toit, la vie devient tous les jours plus active et plus féconde. La famille a grandi. Les Filles de Mère Thouret sont aujourd'hui des mille et des mille. Leur champ d'apostolat s'élargit sans cesse. Elles ont franchi les mers, elles peuplent tout l'Orient. L'Égypte, la Syrie, le Liban leur confient leurs écoles et les hôpitaux. Le grain de sénevé est devenu un grand arbre : toutes misères humaines, celles de l'esprit et celles du corps, comme des oiseaux surpris par la tempête, se posent sur ses branches et s'endorment rassurées.

Et avec le nombre de ses enfants, s'accroît aussi la gloire de la Mère. Cette gloire est sortie de la nuit dont son humilité et l'injustice des hommes l'enveloppaient, elle monte au firmament de l'Église comme un astre éclatant. Elle n'a pas encore atteint son zénith ; mais elle n'aura pas de couchant. La Bienheureuse sera, demain, proclamée Sainte par la voix du Pontife qui consacre la vertu de son jugement infaillible. Le culte de Mère Thouret, renfermé pour l'ins-

tant dans les chapelles de ses maisons, s'étendra bientôt à toute l'Eglise, et l'Univers catholique tout entier s'unira à ses Filles pour rendre hommage à l'héroïsme de sa vie et louer Dieu qui a fait en elle et par elle de si grandes choses.

Le diocèse de Nîmes ne sera pas le dernier à s'associer à l'universelle allégresse. Depuis 75 ans, il voit à l'œuvre les Filles de Mère Thouret. Il y a une manière de se venger qui n'appartient qu'à Dieu et à ses saints. L'Evangile en a donné la règle : « Aimez vos ennemis ; faites du bien à ceux qui vous persécutent. »

Un des premiers artisans des souffrances de Mère Thouret fut, avec des intentions très pures, un futur Evêque de Nîmes, le vicaire-général de Monseigneur de Pressigny, Monsieur l'abbé de Chaffoy.

Mère Thouret poursuivit de ses prières et de ses bienfaits « son ennemi » sur le siège épiscopal où la Providence l'avait appellé, et elle s'arrangea avec Dieu pour doter le diocèse de Nîmes de maisons de son Institut. Il semble bien qu'elle veilla avec un soin tout maternel sur cette fondation nimoise, « le fruit de ses douleurs », car l'œuvre a magnifiquement prospéré, et je ne sais si on trouverait dans les diocèses une seule paroisse où le dévouement des Filles de Mère

Thouret n'ait porté le nom et quelque chose de l'âme de leur Mère.

Comme la Mère, les Filles ont été victimes de l'ingratitude et de l'injustice des hommes. Le ministre de l'Instruction publique du Premier Empire avait écrit une lettre d'insultes à celle qui venait d'ouvrir une école dans un faubourg délaissé de Besançon, et il l'avait menacée de la vindicte des lois.

Les ministres de la Troisième République n'ont pas été plus tendres que leur ancêtre, et comme leur Mère les Filles ont dû se justifier devant les tribunaux français du crime d'avoir élevé et d'avoir instruit gratuitement les enfants du peuple.

Le gouvernement impérial ne tarda pas à reconnaître son erreur : loin de combattre les initiatives de Mère Thouret, il facilita sa tâche par ses encouragements et ses subsides.

L'histoire est un perpétuel recommencement. Nous vivons aujourd'hui l'heure de l'injustice. Hélas ! elle a déjà trop duré. Espérons qu'à l'exemple du gouvernement impérial, le gouvernement de la Troisième République reviendra de son erreur, et que, plus éclairé sur les intérêts du pays et sur les droits imprescriptibles de la conscience humaine, il reconduira sur les chaires *de nos écoles, d'où il les a brutalement expulsés, ces maîtres et ces maîtresses incomparables qui avaient formé le peuple de France, et dont l'absence, depuis un quart de siècle, accuse dans les nouvelles générations un abaissement de l'intelligence française et de la morale publique.*

Nous prions la Bienheureuse Mère Thouret de soutenir nos espérances de sa puissante intercession auprès de Dieu, et de hâter, pour toutes ses Filles et pour toutes les victimes des lois persécutrices, l'heure de la justice et de la liberté.

Veuillez agréer, ma Révérende Mère, avec mes félicitations pour votre beau travail et ma vive reconnaissance pour le bien que les Filles de Mère Thouret accomplissent dans mon diocèse, l'hommage de mes religieux sentiments.

† *JEAN, Évêque de Nimes.*

Lamalou, le 15 Septembre 1926
en la Fête de Notre-Dame des Douleurs.

Maison natale de Jeanne-Antide THOURET, à Sancey (Doubs)

CHAPITRE I

NAISSANCE DE LA BIENHEUREUSE

Son enfance. -- Son adolescence

C'est dans un fertile et riant vallon du département du Doubs, sur les confins des Monts Jura, au village de Sancey-le-Long, que naquit Jeanne-Antide, cinquième enfant de Jean-François Thouret et de Jeanne-Claude Labbe. On devine quelle fut la joie de ses parents qui n'avaient pas encore de fille.

Frêle, délicate, la petite Jeanne fut, dès sa naissance, l'objet de soins vigilants et continuels. Comme les enfants de la campagne, elle grandit dans une ambiance de modestie et de simplicité.

Son âme, naïve et pure, aimait à contempler les beautés champêtres : elle s'élevait alors jusqu'au Créateur à qui elle rendait hommage de ses dons.

La nature n'est-elle pas un grand livre dans lequel les cœurs innocents trouvent un aliment à leur amour filial et reconnaissant ?

Ses parents, cultivateurs honnêtes, lui inculquèrent, dès sa plus tendre enfance, les principes d'une piété solide dont elle fera preuve dans toutes les circonstances de sa vie.

On ne sait rien de sa première rencontre avec son Dieu ; mais il est facile de supposer quelles impressions le plus grand acte de la vie dut laisser dans cette âme candide.

Jeanne-Antide fut de bonne heure vouée à toutes les formes de souffrance. Elle tomba un jour dans le feu, et garda de cette chute des cicatrices indélébiles à la tête et aux bras. Elle vit souffrir sa mère et son cœur filial en fut péniblement affecté. Que dire de sa douleur poignante quand la mort vint la lui ravir, après une longue maladie ?... A ce moment, sa vertu fut exposée à une terrible épreuve.

On la confia à une domestique vicieuse qui, sous l'apparence d'une vie irréprochable, tenta de la faire tomber. Mais la pure enfant repoussa fièrement ces criminelles suggestions, et se donna irrévocablement à Dieu pas le vœu de chasteté perpétuelle.

Adolescente, elle prit en main la direction de

Jeanne-Antide fait vœu de chasteté perpétuelle.

l'intérieur familial. On la voyait, grave et réfléchie, remplacer sa mère tant regrettée auprès de son père, de ses frères, de ses sœurs. Elle s'occupait de leur âme autant que de leur corps.

La piété de Jeanne était sincère et éclairée. Aimant Dieu de tout son cœur, elle fut admirable dans la pratique de toutes les vertus. Elle dédaignait les fréquentations et les conversations inutiles, passait en prières le temps qu'elle pouvait sans inconvénient dérober à ses devoirs de maîtresse de maison. Elle puisait là le réconfort dont elle avait tant besoin, au milieu des difficultés et des soucis de sa pénible tâche.

Monsieur le Curé de Sancey la citait comme exemple aux jeunes filles de son âge, et leur recommandait de la fréquenter.

Les années s'écoulaient... Jeanne-Antide, depuis longtemps déjà, avait entendu l'appel du Seigneur. Une fleur si belle ne devait pas se flétrir au souffle du monde : le jardinier céleste la réservait pour son parterre...

N'osant communiquer directement à son père son pieux dessein, la jeune fille en informa sa marraine. Tout fut employé pour la détourner : promesses, caresses, menaces, mauvais traitements..... On essaya même de la marier...

Mais Jeanne-Antide demeura inébranlable dans

sa détermination. Elle se remit entre les mains de la Providence, confiante en sa bonté, certaine que sonnerait un jour l'heure tant désirée.

« Cette heure, disait-elle, je la désire, non pour fuir les peines que je pourrais rencontrer dans le monde, mais pour apprendre à souffrir utilement en vue de ma sanctification ».

Comme ces paroles réalisent bien la devise qu'elle avait faite sienne : « La peine pour moi, la gloire pour mon Seigneur ».

Chapitre II

DÉPART DE JEANNE-ANTIDE

Son Noviciat. — La Révolution de 1789. — Son retour forcé en Franche-Comté. — Sa comparution devant le Tribunal révolutionnaire.

Des circonstances favorables déterminèrent le départ de Jeanne-Antide. Ce départ s'était préparé dans le secret. Après avoir reçu la bénédiction de son père, tout en pleurs, elle se dirigea vers la ville de Langres, où les filles de la Charité avaient un hôpital

En automne 1787, son père l'y rejoignit pour lui remettre la dot nécessaire. Cette entrevue fut la dernière : le père et la fille ne devaient plus se revoir ici-bas.

La jeune fille profita de cette rencontre pour faire à son père l'aveu des aumônes qu'elle avait faites aux pauvres de son pays, pendant qu'elle dirigeait sa maison Son bon cœur l'inclinait sans cesse à soulager les miséreux, mais sa conscience délicate lui reprochait de l'avoir fait à l'insu de l'autorité paternelle.

Jeanne-Antide ne fit que passer à Langres ; bientôt, elle arrivait à Paris pour y faire son Noviciat,

« J'ai 22 ans, et je ne sais rien faire », dit-elle à la Supérieure qui la recevait à bras ouverts.

On l'employa à la lingerie, sous la direction d'une religieuse ancienne au caractère un peu difficile et exigeant. Notre postulante ne laissa jamais échapper ni une plainte, ni une critique.

Elle s'acquitta si bien de sa tâche qu'une Maîtresse des Novices, qui l'avait en particulière estime, lui dit un jour : « Ma fille, selon vous, vous ne savez rien ; reconnaissez plutôt que vous savez tout faire, puisque vous accomplissez à merveille tout ce que l'on vous commande !!.. »

Bientôt, le travail de la lingerie, les longs exercices de piété, des refroidissements dont elle fut saisie plusieurs fois, et d'autres causes, altérèrent sa frêle santé, au point qu'il fut question de la renvoyer. Mais Dieu veillait sur sa servante. Il inspira à la sœur de la pharmacie de lui donner un remède qui réussit merveilleusement.

Elle fut donc admise à la prise d'habit, puis dirigée sur l'hôpital de Sᵗᵉ-Reine, en Bourgogne. Un an plus tard, elle retournait à Langres ; mais

Jeanne-Antide demande pardon à son Père des aumônes
faites à son insu, et reçoit sa bénédiction.

un Officier des environs de Sancey, ignorant ses engagements irrévocables envers Dieu, lui fit une demande en mariage. Pour couper court à ses instances, elle obtint de quitter aussitôt la ville.

On l'envoya à Sceaux-Penthièvre, près de Paris. Là encore, une demande analogue lui était parvenue de la part d'un gentilhomme.

« Je suis à Dieu, et ne veux être qu'à Lui, lui répondit-elle noblement ».

L'hôpital des Incurables, à Bray-sur-Somme, devint ensuite son champ d'action. En 1792, sommée de quitter le costume religieux, elle reçut un coup de crosse au côté qui la fit souffrir pendant de nombreux mois.

Devant l'obligation de prêter serment à la Constitution, Jeanne-Antide revint à Paris.

Peu après, sa Communauté étant dissoute, elle songea à reprendre le chemin de la Franche-Comté. Peu avant son départ, elle fut appelée au parloir, où un député à la Chambre Nationale, originaire de son pays, se présenta à elle cavalièrement, lui disant qu'il était riche et qu'il désirait l'épouser.

« Monsieur, vos propositions me mortifient beaucoup, lui répondit l'héroïne ; vous ai-je jamais donné occasion de me dire de pareilles choses ?...

-- Non, mais c'est la liberté, et les couvents sont fermés.

— Quoi qu'il puisse arriver, je suis bien résolue à me considérer comme religieuse le reste de ma vie. Je suis vouée à Dieu pour toujours, et je veux lui rester fidèle, avec le secours de sa grâce Je souffrirai la mort plutôt que de me marier. La liberté dont vous me parlez, et les pénibles circonstances dans lesquelles nous nous trouvons ne m'attachent que plus fortement à Notre-Seigneur et à ma sainte Vocation ».

Le député n'ajouta pas un mot, et sortit en saluant avec respect.

En Novembre de la même année, Sœur Thouret se dirigeait vers Besançon.

Chassée de Paris par la Révolution, mal vêtue, mal chaussée, mendiant son pain, elle franchit à pied, à travers des populations hostiles, les quatre cents kilomètres qui la séparaient du but.

Arrivée à Besançon, elle apprit que son frère aîné, Joachim, était devenu le chef du parti de la Convention, dans son village. Elle en éprouva une peine profonde, mais se rendit néanmoins à Sancey, où elle ne séjourna que peu de temps, parce que le Curé avait prêté serment à la Constitution. Ce prêtre, ayant plus tard abandonné le pays, elle

Jeanne-Antide devant le tribunal révolutionnaire affirme
qu'elle n'enseignera que l'Évangile et le Catéchisme.

y revint, et se mit à soigner les malades et à faire
l'école.

Bientôt, les patriotes de l'endroit la dénoncèrent
au district ; elle se rendit devant ses juges sans
appréhension.

« Ne craignez rien, dit elle aux personnes qu'elle
rencontra sur son chemin. Je vais à la fête ; je n'ai
pas peur. C'est la cause de Dieu ; Il la défendra ».

Voici, tel qu'il a été conservé, l'interrogatoire
subi par Jeanne-Antide :

« Nous sommes réunis ici à ton sujet. Réponds-
nous. Qu'as-tu lu dans une assemblée ?

— J'ai lu l'Evangile et des prières.

— Tu sais que les assemblées sont interdites ?

— Je sais que Dieu ne les a pas défendues. Il a
dit que, quand deux ou trois personnes se ras-
sembleraient en son nom, Il serait au milieu d'elles ;
à plus forte raison si l'on est en plus grand nombre.

— Les lois prohibent ces assemblées.

— Etant chrétienne par la grâce de Dieu, je
connais sa loi, qui me commande de le servir en
bonne chrétienne et de ne point me conformer aux
lois des hommes, qui sont contraires à la sienne,
de souffrir pour faire respecter ses volontés, pour
confesser ma foi, au nom de Jésus-Christ, à l'exemple des saints Apôtres Pierre et Paul, au péril
même de ma vie.

— Tu t'occupes de la jeunesse ; quel enseignement lui donnes-tu ?

— Je lui apprends le catéchisme chrétien ; je
lui enseigne à connaître Dieu, à le prier, à l'aimer
et à le servir, selon qu'il est prescrit à tout chrétien.

— Mais tu dois instruire la jeunesse comme le
veulent les lois actuelles.

— Je lui donne l'enseignement que j'ai reçu moi-
même, et qui est conforme à la loi de Dieu et de
la Sainte-Eglise catholique et romaine.

Ta doctrine doit être puisée dans les livres
nouveaux.

— Je ne connais point ces livres ; je ne veux ni
les connaître, ni les faire connaître ; j'aime trop
mon prochain pour le tromper.

— Tu te conformeras aux lois, ou tu verras !

— C'est Dieu que je dois craindre ; les hommes
peuvent tuer mon corps ; ils ne peuvent ôter la vie
à mon Ame... »

Cette fermeté, digne des premiers chrétiens,
déconcerta les persécuteurs qui s'en tinrent aux
menaces.

Mais Jeanne Antide n'était pas au bout de ses
épreuves. Elle eut à subir de nouvelles tracasseries,
occasionnées par les médecins qui perdaient leur
clientèle, par les instituteurs qui n'avaient pas

d'élèves, par les commissaires du peuple qui l'appelaient « suspecte ».

L'un d'eux, l'accusant d'avoir dit quelque chose qui pouvait être dangereux pour la patrie : « Vous n'avez pas bien entendu » répondit-elle.

Mais un coup de poing la fit tomber à la renverse. Elle se releva radieuse, disant : « Je suis bien heureuse de souffrir pour avoir voulu faire le bien ».

CHAPITRE III

LE PÈRE RECEVEUR

Péripéties de la vie de Jeanne-Antide. — Son séjour en Suisse. — Son retour à Sancey

Depuis quelque temps, un saint prêtre, l'Abbé Receveur, avait fondé la Retraite Chrétienne des Fontenelles (Doubs).

Forcé de fuir en Suisse, avec sa Communauté, il demande Jeanne-Antide pour soigner ses malades. Celle-ci crut entendre la voix de Dieu l'appelant au secours des malheureux ; elle se disposa à partir, afin de reprendre sa vie religieuse auprès de sa sœur Jeanne Barbe qui, depuis quelque temps déjà, était entrée dans cette Communauté.

Peu avant ce départ, la tempête révolutionnaire s'apaisa légèrement. Le curé légitime de Sancey put rentrer dans sa paroisse

« Madame Antide, dit-il à notre héroïne, je vous ai de très grandes obligations ; vous avez bien soutenu mes paroissiens pendant mon absence. Vous avez été tout à la fois curé et vicaire... »

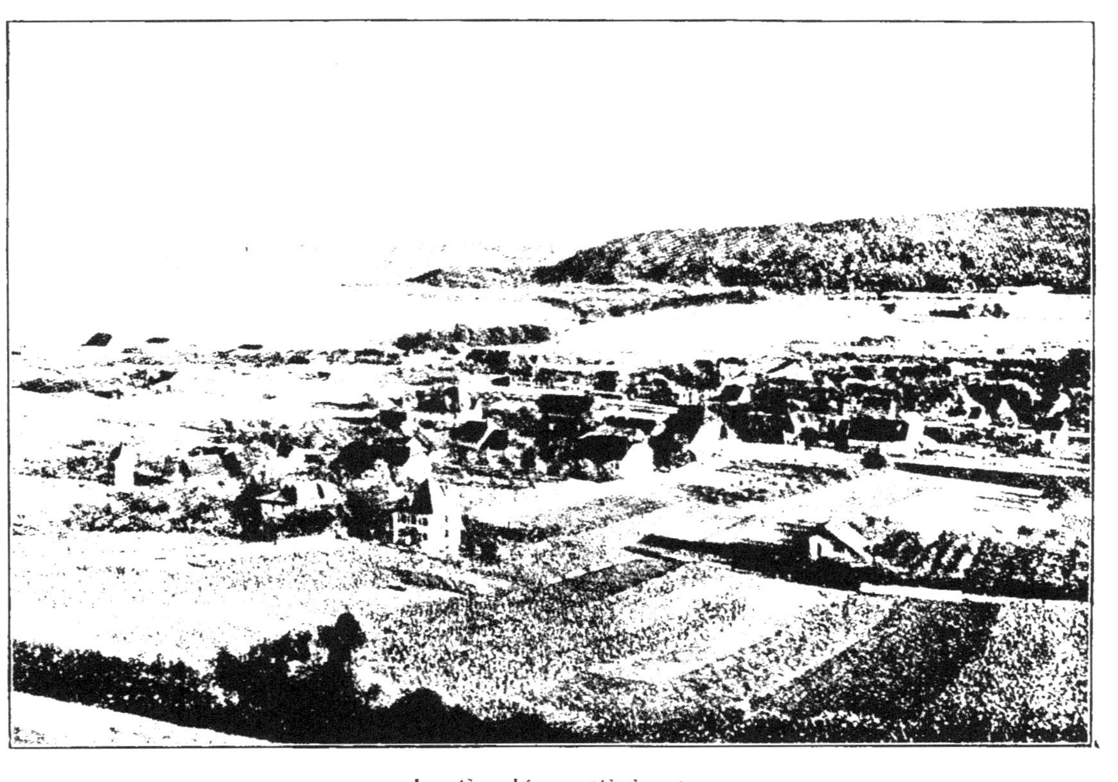

Le Sandéron (Suisse)

Bel éloge qui montre le grand bien que Sœur Thouret avait fait dans sa paroisse, pendant les quinze mois de séjour passés à Sancey.

Voilà donc Jeanne-Antide partie pour la Suisse, afin d'y rejoindre le Père Receveur. « Quel dommage de perdre une personne si utile, et de la voir se cacher dans cette solitude », s'écria le Curé de Sancey, quand il apprit le départ de Sœur Thouret. Mais elle reviendra, ajouta-t-il, et ses paroissiens reconnaissants exprimèrent ce même vœu.

Elle revint, en effet, après deux années d'absence pendant lesquelles elle perdit sa sœur Jeanne-Barbe, et après beaucoup de souffrances morales et physiques, et de nombreuses péripéties à travers la Suisse, le Tyrol, la Bavière et l'Autriche.

La plus vive de ses souffrances fut sans contredit l'impossibilité dans laquelle elle se trouvait de pouvoir, faute de ressources, soulager ses pauvres malades.

Pour eux, elle manquait souvent du nécessaire, et son âme compatissante et bonne, ne pouvant se résigner à cette indigence extrême, elle se sentit fortement inspirée de quitter en secret cette Société.

« J'entends, disait-elle, une voix intérieure qui murmure tout bas en moi : Courage, ma fille ! va vite, et je te ferai connaître ce que je désire que tu fasses. Je veux me servir de toi pour de grandes choses... »

Elle arriva ainsi au village du Landeron (Suisse) près de la frontière française. Elle y fut accueillie par une dame, qui la reçut comme l'envoyée du Seigneur.

« La Providence vous conduit : vous êtes précisément la personne dont j'ai besoin pour le moment ».

Après un assez court séjour dans cette localité, elle se rendit à Ange-sur-Cressier, chez une dame de sa connaissance. Un prêtre français qui avait appris sa présence en ce lieu lui écrivit :

« Madame, Jonas s'étant refusé d'aller annoncer de la part de Dieu, ses volontés aux Ninivites, une baleine s'empara du prophète et vint le déposer sur les bords de la mer. Ensuite, il remplit l'ordre du Seigneur... De même le bon Dieu vous a ramenée sur les bords de la France pour vous restituer à votre pays, où vous viendrez accomplir sa Volonté sans délai.

« Vous avez sans doute cru bien faire de vous en aller sur une terre étrangère. Vous savez que vous avez emporté les regrets de tout le clergé et de tous les habitants qui vous connaissent. Vous faisiez un très grand bien, et l'on vous savait unique-

ment préoccupée de la gloire de Dieu et de la sanctification du prochain ».

Ces sollicitations n'arrivaient pas à la convain-
cre. Etait-ce bien la Volonté du Bon-Dieu qu'elle
revint en France ?... Il lui aurait été permis d'en
douter, si, au Landeron même, deux ecclésiastiques français, exilés comme elle, ne lui eussent
persuadé que la Volonté divine était son retour
dans sa patrie.

« Nous allons rentrer en France, lui dirent-ils,
parce que le calme commence à s'y rétablir. Re-
tournez-y aussi. Associez-vous avec des jeunes
filles, que vous formerez à la vie de dévouement
et d'abnégation à laquelle vous avez été formée
vous-même, et vous fonderez un Etablissement
pour l'instruction de la jeunesse et le soin des malades. Aidée du secours d'en haut, qui ne vous
manquera certainement pas, vous ferez un très
grand bien, pour la gloire de Dieu et le salut des
Ames ».

Effrayée des responsabilités qui l'attendaient,
Jeanne-Antide essaya de protester ; mais le prêtre
qui paraissait avoir le plus d'autorité, ajouta : « Je
vous commande de rentrer en France, dans le
délai de 15 jours, pour nous aider à rétablir dans
notre diocèse, la foi et les bonnes mœurs ».

Ces deux prêtres étaient M. l'Abbé de Chaffoy,

vicaire général de Besançon et futur Evêque de Nimes, et M. l'Abbé Bacoffe, curé de St-Jean-Baptiste, dans cette même ville.

Jeanne-Antide répondit : « J'obéirai »... et elle obéit...

CHAPITRE IV

JEANNE-ANTIDE FONDATRICE

**Nouvelles persécutions. — Jours meilleurs. — Scrupules
de Sœur Thouret — Extension de ses œuvres**

L'héroïne est arrivée, sans s'en douter encore,
à ce que l'on pourrait appeler l'heure décisive de
sa vocation. Elle n'a jamais reculé devant le devoir :
mais la pensée d'entreprendre une fondation
effraye son humilité Elle sent le besoin de se répé-
ter à elle-même que Dieu commande par les
Supérieurs.

Deux jours après l'entrevue dont nous venons
de parler, elle venait de faire un nouvel acte de
soummission à la divine Volonté, lorsqu'elle s'en-
dormit d'un paisible sommeil.

Elle se vit, à genoux, dans une chambre de la
maison paternelle ; elle gémissait de sa tiédeur,
et, pour accroître sa ferveur, elle levait les yeux au
ciel. Elle aperçut sur un trône, un personnage
vêtu de blanc et couronné de la tiare. Il la regar-
dait en souriant, et remuait les lèvres, comme pour

lui adresser la parole ; puis, s'inclinant profondément devant elle, il disparut.

Elle se réveilla avec la conviction que Saint Pierre lui était apparu dans le but de l'encourager à rentrer en France, et dès lors, elle n'eut plus d'hésitation.

Quelques jours plus tard, Sœur Thouret se trouvait à Sancey. Son premier soin fut de grouper les enfants abandonnés, afin de les instruire et de leur apprendre à connaître et à aimer Dieu.

Le 4 septembre 1797, éclatait la révolution du 18 Fructidor, dirigée à la fois contre le Jacobinisme et le Catholicisme. Des patriotes la dénoncèrent. Deux révolutionnaires vinrent lui demander de prêter le serment exigé par la loi.

« Pourquoi le prêterais-je ?

— Parce que vous enseignez...

— Me donnez-vous un salaire pour mon enseignement ? Je ne reçois rien au nom de la Loi ; par conséquent, vous ne pouvez rien me réclamer au nom de la Loi. J'aime mieux mourir que de faire ce serment

— Mais, vous êtes émigrée ; la Commission militaire doit vous fusiller. Faites votre soumission, et vous serez épargnée.

— Ma conscience me le défend, et je ne veux obéir qu'à ma conscience

— Vous serez homicide de vous-même !. .

— C'est vous qui serez homicides de mon corps : quant à moi, je ne veux pas l'être de mon Ame »..

Les persécuteurs se retirèrent, mais bien résolus de recourir à la rigueur.

D'après les conseils qui lui furent donnés, Jeanne Antide s'enfuit. Pendant treize mois, elle se tint cachée, d'abord chez une pauvre veuve, à laquelle elle offrit le produit de son travail, pendant toute la durée de son hospitalité ; puis, dans une famille de son département, qui lui donna une chambre derrière une cave, pour qu'elle pût mieux se dissimuler.

Enfin, des jours meilleurs finirent par se lever ! Messieurs de Chaffoy et Bacoffe rappelèrent à leur confidente d'autrefois ses engagements. Elle répondit qu'elle était prête à les réaliser.

C'est alors qu'elle ouvrit à Besançon, dans la rue des Martelots, le 11 Avril 1799, une école pour les petites filles. Les élèves y accoururent nombreuses. Quatre aspirantes vinrent aussi lui offrir leur collaboration.

D'autres écoles s'ajoutèrent à celles de la rue des Martelots, ainsi que des œuvres telles que des pharmacies, des dispensaires, des ouvroirs, des bouillons et la visite des Malades à domicile.

Aux premiers jours de décembre 1800, la jeune

fondatrice eut une alerte. Apprenant qu'un décret du Gouvernement Consulaire rétablissait les Filles de la Charité de Paris, elle fit à ses Supérieurs ecclésiastiques cette déclaration :

« Je suis restée pendant plusieurs années chez les Sœurs de Paris ; mais, je n'y ai pas prononcé de vœux. La Maison-mère a été supprimée, et la Chambre Nationale nous a forcées à nous retirer dans nos lieux de naissance. Que faut-il que je fasse ?... »

Il lui fut répondu : « Vous n'avez aucune obligation de retourner à Paris. Nous sommes contents de vous ; nous ne voulons pas vous perdre. Restez donc dans vos établissements, et continuez à propager votre Institut, sans dépendre des Sœurs de Paris. Elles n'ont aucun droit sur vous ».

Soulignons, en passant, que celles-ci ne rappelèrent pas, parmi elles, leur compagne des mauvais jours.

Voilà donc Mère Jeanne-Antide constituée officiellement fondatrice de Communauté. Elle écrivit une Règle si sage que ses filles, en l'entendant lire, tombèrent à genoux, et s'engagèrent à la porter constamment gravée dans leur cœur, pour l'observer avec amour ; sur leurs mains, pour qu'elle inspire et dirige leurs travaux ; sur leur front,

Les œuvres de Mère THOURET.

afin que les hommes, voyant leurs bonnes œuvres, glorifient leur Père qui est dans les Cieux.

Cependant, pour la France, toute une série d'évènements presque miraculeux venaient de se produire. Vainqueur à Arcole, à Rivoli, à Marengo, Bonaparte profita de son prestige pour restaurer le Catholicisme, rappeler les prêtres exilés, rétablir les bons rapports avec Rome, et permettre aux Religieuses de faire ouvertement le bien.

Dans le département du Doubs, on s'empressa de demander le concours des nouvelles Sœurs de Charité de Besançon. Le Préfet de cette ville leur confia la maison de détention de Bellevaux, où régnaient tout à la fois une malpropreté révoltante et un désordre matériel et moral extrême.

Il leur fallut peu de temps pour y instaurer la discipline et la paix. En voici le rapport officiel :

« Ces Dames ont rétabli dans la prison l'ordre, à mon grand contentement, à l'édification du public et à la gloire du Gouvernement ».

Leur nouvel Archevêque, Monseigneur Le Coz, qui avait été accueilli par elles avec une certaine méfiance, parce qu'il avait donné dans la Révolution, fut heureux de les envoyer dans les communes de son diocèse, où on pouvait les loger et les nourrir.

Il en faisait l'éloge chaque fois que l'occasion s'en

présentait. Il éprouvait pour la Fondatrice une sorte de vénération, et il sut la défendre énergiquement dans plusieurs circonstances où elle et ses filles étaient calomniées

Béni de Dieu et aimé des hommes, l'Institut nouveau se répandit très vite et très loin. Les vocations religieuses germaient et se multipliaient sous les pas de la sainte Fondatrice, entourée de la sympathie et de l'estime générale.

De 1802 à 1810, les fondations se succédèrent. Ce fut d'abord à Besançon, sur les paroisses Saint-Jean, Sainte-Madeleine, Saint-Pierre, Saint-François, Saint Maurice : ensuite à Sancey, Baume-les-Dames, Vercel, le Russey, Maîche, etc., dans le département du Doubs. La Haute-Saône et le Jura eurent aussi leur tour

L'heure même va venir où Jeanne-Antide conduira ses filles en Suisse, en Savoie, et jusqu'en Sicile, dans la ville de Naples, où l'appelaient à la fois Madame Lœtitia, mère de Napoléon et le roi Joachim Murat.

CHAPITRE V

COUP D'ŒIL RETROSPECTIF

**Epreuves et Luttes de la Fondatrice. — Sa Vertu —
Son Prestige**

Avant le départ définitif de la Fondatrice pour l'Italie, arrêtons-nous un instant sur les nombreuses souffrances morales qu'elle eut à endurer, et qu'elle accepta avec cet héroïsme que nous lui connaissons.

Nous avons admiré sa grandeur d'âme au milieu des épreuves qu'elle eût à subir dans sa famille, et pendant les premières années de sa vie religieuse. Nous avons trouvé ses réponses devant le Tribunal révolutionnaire dignes des premiers martyrs du christianisme. Nous avons apprécié son dévouement incomparable, son endurance extraordinaire pendant ses pérégrinations à travers la Suisse, le Tyrol, la Bavière et l'Autriche.

Il nous reste à voir comment cette âme d'élite sut savourer en silence, et pour l'amour de son

Dieu, des peines plus intimes et plus cuisantes, en même temps que plus incompréhensibles

L'œuvre de Dieu et de Jeanne-Antide, déjà bien établie à Besançon, commençait à étendre ses racines au dehors. L'enfer et le monde allaient se liguer pour tenter de l'étouffer.

Une personne de la ville, qui en voulait à la Fondatrice, essaya de lui nuire, en donnant à quelques pensionnaires qu'elle hospitalisait, un costume à peu près semblable à celui de ses filles.

Mère Thouret protesta, et c'était juste... Il n'en fallut pas davantage pour déchaîner contre elle toute une série de calomnies.

Cette épreuve ne fut pas de longue durée, heureusement, et si, grâce à Dieu, elle ne nuisit en rien aux œuvres de la Fondatrice, elle eût, au moins, comme conséquence de mettre en relief sa grande vertu.

Il n'est pas jusqu'au bon M. Bacofle qui ne devînt pour notre Bienheureuse une occasion permanente de luttes et de sacrifices. dès le jour où Monseigneur Le Coz lui retira le titre de Supérieur Général de la Congrégation...

Le bon Dieu le permettait ainsi, car il fallait que l'Ame de notre héroïne grandit au milieu des contradictions et des souffrances de tous genres.

Mère Thouret était à peine sortie d'une épreuve que l'esprit du mal en inventait une autre.

Une lettre, signée de Portalis, Ministre des Cultes, arriva de la Capitale à l'adresse de Mère Thouret. Celle-ci était accusée d'usurper le titre de Supérieure Générale des Sœurs de la Charité de Paris. « Je vous ferai surveiller, lui disait le Ministre, et si l'on trouve une seule signature de ce genre, je vous ferai poursuivre... »

Pure calomnie encore !... qui atteignit douloureusement l'Ame si humble et si délicate de la Fondatrice, et à laquelle elle répondit avec sa sagesse et sa prudence accoutumées.

Monseigneur Le Coz écrivit aussi à Monsieur Portalis, mais avec une plume moins patiente :

« On vient de me donner connaissance de votre lettre, écrit l'Archevêque, et je ne reviens pas de mon étonnement. Qui peut être un ennemi assez violent de la vérité, de la vertu, de l'humanité elle-même, pour nous peindre notre fille de la Charité de Besançon sous des couleurs si fausses, si odieuses, pour faire partir de votre main une lettre si menaçante et si accablante pour elle ?...

« Sublime charité ! O candeur angélique ! A qui donc pourriez-vous faire ombrage ? Qui donc serait assez malheureux pour vous haïr ?... Comment la méchanceté peut-elle recourir à des moyens si plats si ridicules ?... »

Et le Prélat continue avec la même indignation... puis termine par des éloges pompeux à l'adresse de celle dont il admire la vertu.

Tout tourne au bien de ceux qui aiment Dieu et qui se confient en Lui...

L'humble Fondatrice triompha de ses implacables ennemis. Son prestige, au lieu de diminuer, ne fit que s'accroître. Comme sa vertu, il ira grandissant jusqu'au *Consommatum est*.

Il lui reste à gravir un Calvaire plus douloureux encore, et à boire goutte à goutte la lie d'un calice bien amer et que peu d'Ames connaissent...

Mais n'anticipons pas.

Chapitre VI

FONDATIONS EN ITALIE

**Causes du séjour de la Bienheureuse dans cette contrée.
— Approbation des Règles par Sa Sainteté Pie VII. —
Monseigneur de Pressigny. — Apogée des souf-
frances morales de la Fondatrice.**

A la suite des épreuves que nous venons de
citer, Mère Jeanne Antide eût quelques années
relativement paisibles. Elle les consacra à visiter
ses filles dans les Maisons déjà fondées.

Elle ne négligeait rien pour développer en elles
l'esprit de la Règle, et les former à la pratique
de l'humilité et de l'abnégation, si nécessaires aux
âmes apostoliques.

Le 28 Mai 1810, le secrétaire de Madame Lœtitia
faisait connaître à Mère Thouret le dessein de
Murat par les lignes suivantes ; « Le roi de Naples
a résolu de fonder dans ses Etats l'Institut des
Sœurs de la Charité, en y appelant des Sœurs
françaises qui établiraient un Noviciat et parvien-
draient peu à peu à créer des Maisons de leur

Ordre dans les diverses provinces du Royaume.

« Les Sœurs doivent être au nombre de six. En conséquence, le roi a rendu plusieurs décrets. Par le premier, il a déclaré adopter de préférence l'Institut des Sœurs de la Charité de Besançon dans ses Etats, ainsi que leurs règlements et statuts, tels qu'ils ont été arrêtés par Sa Majesté l'Empereur, le 28 Août 1810. (La Fondatrice avait en effet, à cette date, fait approuver règlements et statuts par Napoléon Ier.)

« Par le second décret, le Ministre de l'Intérieur du Royaume de Naples a été autorisé à destiner aux Religieuses une très belle maison qui sera consacrée au chef-lieu et au Noviciat ».

Le troisième décret mettait à la disposition des voyageuses une somme suffisante pour couvrir largement les frais du long et pénible voyage qu'elles allaient entreprendre.

La proposition faite à Mère Thouret était trop importante pour qu'elle l'acceptât sans délai. Elle prit le temps de la réflexion, redoubla ses prières et consulta. Elle voulait être bien sûre en acceptant, d'obéir à la Volonté divine.

Elle n'eut plus d'hésitation quand une voix autorisée lui eût fait comprendre que tel était le bon plaisir de Dieu.

Six religieuses furent donc désignées pour le dé-

Vue de Naples.

part ; parmi elles, se trouvait Sœur Rosalie, fille de Joachim Thouret. Une autre nièce de Mère Thouret s'adjoignit aux voyageuses ; c'était la pe tite Marie-Claude, fille de Claude Antoine Thou ret, qui n'avait que dix ans, et qui devait mourir à Naples, sous le nom de Sœur Colombe.

La santé de cette enfant étant délicate, il est pro bable que sa Tante espérait qu'un séjour sous le beau ciel d'Italie lui redonnerait force et vigueur.

Dans sa prudence, Mère Thouret jugea qu'elle devait accompagner elle même ses filles ; c'était aussi l'avis de Monseigneur Le Coz.

Tous les membres de la Communauté avaient dans l'Ame la même flamme apostolique. Tous au raient aimé s'envoler avec leur Mère sur la terre étrangère, pour y porter leur charité et leur zèle... Mais on dut se contenter de suivre les élues de ses vœux et de ses prières.

On s'imagine ce que furent les adieux... Selon toute probabilité, on ne devait pas se revoir ; on se donnait rendez-vous dans l'éternité. On se conso lait néanmoins, en songeant que l'absence de la vénérée Mère ne durerait que quelques mois.

Si un génie malfaisant eût soulevé le voile de l'avenir, quelles scènes déchirantes se seraient alors produites !...

C'est au commencement d'Octobre 1810 que s'effectua le départ. Depuis longtemps Mère Jeanne-Antide avait une âme faite aux séparations les plus cruelles. Par son exemple et ses paroles elle prêcha à ses filles la résignation et la générosité...

La petite caravane se mit en marche après avoir reçu la bénédiction de Monseigneur Le Coz. L'Archevêque de Besançon accompagna de sa pensée et de ses prières la Supérieure et ses filles. Il profita de toutes les circonstances pour célébrer leur courage et leurs saintes dispositions.

Le voyage fut long et pénible, car à cette époque, les chemins de fer n'existaient pas. Toutes néanmoins en supportèrent bien les fatigues et vicissitudes.

Combien durent être vives les impressions de Mère Thouret et de ses filles à leur entrée dans Naples ! Comme elles s'extasièrent, à la vue de ces collines, couvertes de villas et de bosquets, — de ces promontoires qui s'avancent au loin dans les flots bleus, — de ces navires qui sillonnent la mer, semblables à de grands oiseaux !... Il n'est pas jusqu'au Vésuve qui ne retint leur attention, avec sa cîme grise le jour et rouge la nuit.

Mais, ce qu'elles venaient chercher dans cette cité, c'était des misères à soulager, de jeunes intelligences et de jeunes cœurs à former et des âmes à sauver...

Régina Cœli.

Sans rester indifférentes aux beautés de la nature, elles avaient hâte de commencer leur mission.

Il y avait alors, dans la ville de Naples, plus de cent églises cent-cinquante couvents et cent-trente chapelles. Ce fut un de ces couvents et une de ces chapelles que le roi Murat donnait à la fondatrice, et qu'on appelait : « Regina Cœli. »

Nous passons sous silence l'accueil qui fut fait à la petite colonie par des personnages de marque. Dans la vaste et riche chapelle de Regina Cœli, une Messe solennelle fut célébrée par Monseigneur de la Tour vicaire général de Naples, entouré d'un nombreux clergé.

« Demain, écrit la fondatrice, dans une lettre adressée à ses religieuses de Besançon, en décembre 1810, demain, nous prenons possession d'un hôpital, situé tout près de Regina, et qui compte mille malades ».

Les fondations ne se font pas sans difficultés et sans soucis... Mère Thouret et ses filles eurent les leurs. Elles souffrirent, surtout pendant les premiers mois, du manque d'argent et du défaut d'installation.

Les caisses de l'Etat étaient peu fournies, en raison des guerres fréquentes de l'époque, et le Gouvernement n'avait pas pleinement tenu ses promesses Mais, ces jours mauvais passèrent, et bientôt la Mère et les filles virent le sort de leurs malades complètement amélioré.

Mère Thouret organisa la visite des malades pauvres à domicile, et la distribution des aumônes à la porte de « Regina cœli ». Son ardente charité ne s'arrêtait pas aux besoins du corps ; elle savait trouver le moyen de parler aux Ames, de Dieu, du ciel, de l'immortalité. Combien de fois la surprendra-t-on, en ville, au chevet de pécheurs récalcitrants qu'elle prépare à une mort chrétienne ?...

Puis vient la fondation d'écoles gratuites. Aux petites Napolitaines, elle donnera, avec une solide instruction primaire, l'amour du travail, de la propreté et de la piété.

Mère Thouret songea aussi aux filles des classes riches ; un pensionnat aristocratique fut fondé pour elles en 1821.

Malgré son immense désir de rentrer en France, notre Bienheureuse dut rester encore à Naples ; mais elle ne perdait de vue aucune de ses maisons. Elle continuait à diriger ses premières filles par ses correspondances et de substantielles circulaires. Et puis, elle pouvait se reposer sur la vigilance du Supérieur Général, Monseigneur Le Coz, qui s'intéressait à tout ce qui touchait à l'Institut,

Approbation des Règles par Sa Sainteté PIE VII.

et la renseignait bien fidèlement sur tout ce qu'elle devait savoir.

Mais Monseigneur Le Coz meurt en 1815. En cette même année, Sœur Marie-Anne Bon remplace Sœur Menegay, la première supérieure provisoire de Besançon.

Il semble que Mère Thouret aurait dû à ce moment quitter l'Italie. Elle ne le put, en raison des affaires en cours ; puis, survinrent de nouvelles difficultés à résoudre, de nouvelles œuvres à créer et à organiser, etc., etc.

Les années passent ; nous sommes en 1818. Avant de reprendre le chemin de la France, Mère Jeanne-Antide voulut profiter du voisinage de Rome pour faire approuver par le Saint Père, les Règles et Constitutions de son Institut. Elle adressa donc, en Septembre 1818 au Pape Pie VII une supplique, dans laquelle elle racontait l'histoire de la fondation et du développement de sa Congrégation.

Elle se présenta au moment opportun au successeur de Pierre, qui la reçut avec une grande bienveillance. Les Règles furent approuvées le 14 décembre 1819. La Fondatrice ne supposait pas que cette approbation allait devenir pour elle une source de grandes difficultés, suscitées par l'esprit gallican, qui était encore puissant en France.

Le Pape Pie VII exigea dans les textes quel-

ques modifications, et en particulier celle-ci :
« L'Archevêque de Besançon ne garderait plus le
titre de Supérieur général que la Fondatrice lui
avait reconnu, et il ne conserverait, à l'avenir,
que la simple autorité que tout Ordinaire possède
sur les maisons d'un Institut de droit pontifical
établi dans son diocèse. »

Or, à cette époque, arrivait à Besançon, quatre
ans après la mort de Monseigneur Le Coz, Monseigneur Courtois de Pressigny, imbu des idées
gallicanes. Il n'accepta pas la décision que Rome
venait de prendre. Il défendit aux religieuses de
son diocèse de la considérer comme valable, ainsi
que toute innovation qui ne leur serait pas pré-
sentée par lui.

Il écrivit ensuite à Mère Jeanne-Antide : « Je
ne connais pas les changements qui ont été faits.
Il vaut mieux que vous établissiez ailleurs votre
nouvel Institut et que nous conservions ici ce que
nous avons. Je vous défends de rentrer dans ma
ville archiépiscopale. »

Mère Thouret fut atterrée…

Ni les ordres venus de Rome, ni les exhor-
tations du Nonce auprès du Roi, ni les conseils
amicaux de personnes pourtant bien chères et
haut placées ; ni les lettres suppliantes de la Fon-

datrice, rien ne put faire revenir le Prélat sur sa décision.

Mère Jeanne-Antide était tenue au courant de ce qui se passait à Besançon par ses religieuses, et par son frère l'abbé Thouret, vicaire à Saint-Pierre de Besançon.

Elle savait que ses filles lui étaient restées fidèles et soupiraient après son retour. Malgré la défense expresse qui lui était faite de rentrer, elle fit ses préparatifs de départ ; elle voulait tenter personnellement un dernier effort.

Ayant appris, en cours de route, l'attitude de plus en plus obstinée que gardait Mgr l'Archevêque, à son endroit, Mère Thouret partit pour Paris. Monseigneur de Pressigny, qui s'y trouvait à ce moment, désira la voir.

Elle arriva toute émue, et se jeta à ses pieds, lui demandant sa bénédiction. « Non, lui répondit-il, je ne vous la donnerai pas.

— Du moins, permettez-moi, Monseigneur, de vous éclairer et de vous faire connaître la vérité, car vous avez été trompé

— Non, taisez-vous, je ne veux pas vous entendre... »

Et il porta contre la Fondatrice des accusations qu'il eût été facile de réfuter.

Les témoins de cette scène en restèrent stupéfaits.

Pour Monseigneur de Pressigny, c'était moins une question de personne qu'une question de principe... Il ne connaissait la Fondatrice que par ce qu'on lui en avait dit.

Ne pouvant rester plus longtemps à Paris, Mère Thouret prit la résolution de regagner Naples, en s'arrêtant à Villecerf, Besançon, Thonon et Rome.

Après avoir goûté à Villecerf des consolations dont son cœur meurtri avait grand besoin, elle se dirigea vers Besançon.

Elle alla frapper à la porte de la Maison-mère, comptant y recevoir au moins l'hospitalité d'une nuit ; mais la porte ne lui fut pas ouverte...

A l'exemple du divin Maître, elle vint chez elle, et ses enfants ne la reçurent pas...

Force lui fut donc de partir directement pour Thonon, d'où elle rayonna dans ses maisons de Savoie. Là, elle fut entourée, choyée, consolée... Là, elle reçut de nombreuses lettres de celles qu'on soustrayait à son autorité ; et toutes lui témoignaient leur très affectueux et respectueux attachement.

Sur ces entrefaites, Monseigneur de Pressigny mourut, Mère Thouret, se trouvant encore sur les frontières de France, aurait pu revenir sur ses pas...

Pourquoi ne le fit-elle pas ?...

Son Ame, fatiguée par les luttes longues et cruelles qu'elle venait de soutenir, n'eut-elle pas le courage d'en affronter de nouvelles ?... Son pauvre cœur, broyé par les injustices et les déceptions, ayant épuisé jusqu'à la dernière goutte ce calice d'amertume, refusa-t-il d'approcher ses lèvres d'une autre coupe qu'elle entrevoyait peut-être dans le lointain ?...

Disons plutôt que la Volonté divine était telle que notre héroïne devait continuer sa marche en avant. Elle n'avait jamais reculé en face des adversités et des souffrances : son Ame virile ne connaissait ni les hésitations ni les faiblesses...

CHAPITRE VII

DERNIÈRES ANNÉES
ET MORT DE LA BIENHEUREUSE

Expulsée de France par le gallicanisme aussi brutalement qu'elle l'avait été par la révolution, Mère Thouret revint vers le second berceau de son Institut.

Elle y reprit ses habitudes d'autrefois, donnant à toutes l'exemple parfait de l'obéissance à ses Constitutions.

Elle inclinait les âmes à la mortification intérieure, sachant bien que ses filles ne pouvaient, en raison des fatigues de leur état, s'adonner, comme les contemplatives, aux pénitences corporelles.

Très active au travail, extraordinairement modérée dans le repos et la nourriture, amie du silence et de la retraite, elle était un admirable exemple de tempérance et de possession de soi.

Dans l'œuvre de sa sanctification, elle ne disait jamais : c'est assez. Elle était de ces âmes qui ont une faim et une soif continuelles d'une justice tou-

Mort de la Bienheureuse Mère THOURET.

jours plus parfaite, et poursuivent toutes les vertus avec une égale ardeur.

Elle excellait dans la pratique des vertus, qui paraissent opposées : son humilité profonde n'empêchait point chez elle un courage magnanime, quand il s'agissait de défendre les intérêts de Dieu.

Douée d'un remarquable talent d'organisation et d'une puissance d'esprit infatigable, elle savait condescendre à toutes les faiblesses et veiller aux détails autant qu'à l'harmonie de l'ensemble.

Chez elle, l'office de Marie ne nuisait pas à celui de Marthe. Sa foi lui montrait Dieu toujours présent ; elle aimait à s'entretenir avec Lui, autant par de fréquentes aspirations que par des prières vocales. Enfin, la multiplicité des affaires qu'elle traitait, ne parvenait pas à altérer la paix de son âme, qui se réflétait dans la douce sérénité de son visage.

Grande, le port majestueux, la figure expressive, le sourire bienveillant, le front large et intelligent, le regard vif, elle possédait une vraie puissance de fascination. Elle lisait dans les âmes, et il lui est arrivé de prophétiser.

Mère Thouret jouissait, à Naples, d'une grande popularité ; elle reçut plusieurs fois la visite des Souverains. La Reine se rendait de temps en

La Bienheureuse Jeanne-Antide THOURET dans la gloire.

temps, seule, à « Regina Cœli », pour s'entretenir avec la Fondatrice.

L'année 1825 vit s'ouvrir à Rome le jubilé accordé par Léon XII. Mère Thouret profita de cette faveur dans une large mesure. Elle édifia toute la Communauté par la ferveur et la ponctualité avec lesquelles elle en suivit tous les exercices.

C'est en prenant part à l'une des processions ordonnées, qu'elle ressentit les premières atteintes d'une attaque d'apoplexie.

Malgré les soins les plus tendres et les plus empressés que lui prodiguaient ses filles, elle inclinait vers la tombe.

Le 15 Août 1826, elle eut, pour la dernière fois, le bonheur de communier avec toute la Communauté. Le 18, elle fut prise d'une nouvelle attaque ; on la transporta dans son lit d'où elle ne devait plus se relever.

Bientôt, elle ne parla plus que par signes ; mais son esprit restait lucide. Le mouvement de ses lèvres révélait, ainsi que ses incessants regards vers le crucifix, l'élévation de son âme vers Dieu.

Le 24 Août, vers 10 heures du soir, Mère Jeanne-Antide rendait sa belle âme à son Créateur, à l'âge de 60 ans et 9 mois.

Jusqu'au soir du 25 son corps resta exposé dans

la chambre qui avait reçu son dernier soupir. A
ce moment, il fut mis en bière et porté à l'église
de « Regina Cœli ». C'est là qu'il reposa, pendant
deux nuits et deux jours.

Le peuple napolitain ne cessa d'y venir prier et
pleurer.

Dans la matinée, les Messes ne discontinuèrent
pas : prêtres, chanoines et prélats tenaient à offrir
à la Vénérée Défunte leur part de suffrages, et aux
Religieuses une preuve de leur douloureuse sympathie.

Le soir du troisième jour, après les dernières
cérémonies funèbres, le corps fut déposé dans un
caveau spécial, creusé dans la chapelle de l'Imma-
culée-Conception, du côté de l'Evangile. C'était
un lieu de repos bien choisi pour la Vénérable
Mère, qui avait toujours eu une si grande dévotion
à l'Immaculée,

« La vierge forte de l'Evangile, l'héroïne de la
charité, la Fondatrice de votre Institut n'est plus
parmi vous », s'écriait l'Archevêque de Cosenza,
au lendemain de la mort de Mère Jeanne-Antide.

La charité et la force furent bien les vertus carac-
téristiques de la chère Disparue. L'énergie qu'elle
déploya dans les luttes qu'elle eut à soutenir, et
le dévouement inlassable dont elle fit preuve en

toutes circonstances, montrent à quel degré cette grande âme s'éleva dans la pratique de ces vertus.

Daigne le Seigneur accorder aux filles de la Sainte la grâce de marcher sur ses traces, en réalisant le programme de vertu dont elle leur a donné, en tous temps, de si touchants exemples !...

Escalier de la Cour d'honneur de la Maison Mère de Nimes

EPILOGUE

Un siècle s'est écoulé depuis le départ pour le Ciel de la Fondatrice des Sœurs de la Charité de Besançon.

En Juillet 1900, le Saint-Siège, par la voix de Sa Sainteté Léon XIII, approuvait les formalités et les résultats d'une enquête ouverte en 1895, et déclarait la Servante de Dieu « Vénérable ».

Le 23 Mai 1926, jour de la Pentecôte, avaient lieu à Rome, dans la Basilique Saint-Pierre, les émouvantes cérémonies de la Béatification. Sa Sainteté Pie XI décernait à la Fondatrice les honneurs publics.

Après le décret de Vénérabilité, Rome non-seulement s'était prononcé définitivement sur l'héroïcité des vertus, mais avait étudié minutieusement les trois miracles exigés par l'Eglise pour la Béatification de ses enfants, et les avait approuvés.

Depuis la mort de la Bienheureuse, ses œuvres, déjà si prospères, n'ont cessé de croître et de se développer.

Salle d'opérations

Actuellement, les filles de Mère Thouret, au nombre de sept à huit mille, sont répandues à travers la France, l'Italie, la Suisse, l'Angleterre, l'Egypte, la Syrie et le Liban.

Elles ne peuvent plus donner comme autrefois à la Mère-patrie toutes les ressources de leur dévouement, puisque des lois injustes et néfastes leur ont interdit l'enseignement de la jeunesse ; mais elles se dédommagent par la création d'œuvres multiples de charité.

La Maison générale de Besançon en compte un très grand nombre, en France comme à l'étranger.

La Communauté de Nimes, qui en dépend, fut fondée en 1844, et voici dans quelles conditions :

Monsieur Cart, Vicaire-général de Monseigneur l'Archevêque de Besançon, fut nommé évêque de Nimes en 1837. N'ayant trouvé dans son diocèse aucune Congrégation enseignante pour les campagnes, il obtint de la Communauté des Sœurs de la Charité de Besançon qu'il appréciait et aimait, et avec l'approbation de Monseigneur l'Archevêque, huit religieuses qui se détachèrent du tronc pour être le noyau de la Communauté de Nimes.

Le petit grain de sénevé grandit et se développa. Les Aspirantes affluèrent, et bientôt le but de Monseigneur Cart fut atteint.

De nombreuses écoles furent créées à Nimes,

Œuvre de la Protection de la Jeune Fille : La cour.

dans le Gard, et dans les départements limitrophes. Le bien se faisait à la satisfaction de tous. Les jeunes âmes recevaient avec un enseignement religieux bien compris, une instruction élémentaire soignée.

La ville de Nimes ne possédait pas seulement des externats, mais un pensionnat très florissant, bâti dans l'enceinte même de l'immeuble de la Maison-mère, 3, rue de la Faïence.

Les funestes lois de laïcité, en jetant, en 1903, l'interdit sur l'enseignement congréganiste, obligèrent toutes les religieuses de France à restreindre leur apostolat.

La Maison de Nimes presque exclusivement enseignante, fut frappée plus que d'autres.

Mais la Divine Providence n'abandonne pas ceux qui se confient en Elle.. Des œuvres nouvelles surgirent. Outre les hôpitaux et les orphelinats déjà existants, la Communauté de Nimes peut mentionner actuellement : la Protection de la jeune fille, la visite des Malades à domicile, les Patronages, les œuvres post-scolaires, les Cliniques.

Les Religieuses de la Charité de Besançon se prêtent à toutes les circonstances ; elles se multiplient partout où il y a une misère à soulager, une âme à consoler et à encourager, une plaie à panser.

La Maison-Mère possède au 5 de la rue de la

Œuvre de Protection de la Jeune Fille : La terrasse.

Faïence, dans l'immeuble même de l'ancien Pensionnat, une Clinique chirurgicale moderne avec ascenseur et chauffage central. Un service de radiographie la complète.

Là, un Chirurgien éminent se penche, plusieurs fois par jour, sur les pauvres corps endoloris pour en extirper le mal, et leur rendre, Dieu aidant, la santé qu'ils sont venus chercher.

Là aussi, les religieuses-infirmières prodiguent, avec un dévouement inlassable, et le jour et la nuit, les soins minutieux que réclame l'état plus ou moins grave de chacun. Il faut soigner les corps pour atteindre les âmes.

L'Œuvre de la « Protection de la jeune fille » a aussi son siège au 5 de la rue de la Faïence. Un joyeux groupe d'ouvrières et d'employées fusionne avec un essaim bourdonnant d'étudiantes.

Une cour spacieuse et bien ombragée leur permet de se réunir dans leurs moments libres, pour deviser gaiement, ou s'adonner à des jeux intéressants.

Chaque année, les jeunes filles sont favorisées des exercices spirituels d'une retraite, et des cours religieux leur sont donnés plusieurs fois par mois.

Le Couvent de Nîmes, remarquable par sa situation, est agrémenté d'un vaste jardin. Il possède une grande et belle chapelle, de style gothique,

Bureau du Docteur.

classée parmi les monuments artistiques de Nîmes.

Les magnifiques peintures du chœur, exécutées par un artiste florentin, retiennent de suite l'attention du visiteur.

Il en est de même des peintures latérales représentant les épisodes principaux de la vie de la Bienheureuse Mère Thouret. (Ce travail est l'œuvre de M. Beaufort, peintre nimois).

Terminons en formulant un souhait :

Que la Bienheureuse Mère Jeanne-Antide bénisse et développe de plus en plus les œuvres de ses filles, pour la plus grande gloire de Dieu !

Qu'elle favorise le recrutement de l'Institut, en attirant au Noviciat les âmes éprises de charité et de dévouement !

Qu'elle inspire au Clergé de diriger dans ce Champ du Père de famille les jeunes filles au cœur pur et désintéressé, car en ce siècle d'égoïsme, d'indépendance et de matérialisme, « la moisson est grande, et il y a peu d'ouvrières »....

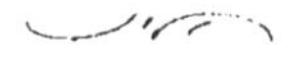

Maison Mère de Nimes : La chapelle.

Chapelle de la communauté : Les tribunes.

Œuvre de la Protection de la Jeune Fille : Le réfectoire.

TABLE DES MATIERES

CHAPITRE IV

JEANNE-ANTIDE FONDATRICE

CHAPITRE V

COUP D'ŒIL RÉTROSPECTIF

CHAPITRE VI

FONDATIONS EN ITALIE

CHAPITRE VII

DERNIÈRES ANNÉES ET MORT DE LA BIENHEUREUSE

Imprimerie Générale, 21, Rue de la Madeleine. — NIMES

9 782329 556031